Es fácil dejar de preocuparse

Es fácil dejar de preocuparse

Allen Carr

ESPASA

Título original: *Easy Way to Stop Worrying*
Traducción: Clara Morán Calvo-Sotelo

Primera edición: setiembre, 2004
Segunda edición: octubre, 2004
Tercera edición: enero, 2005
Cuarta edición (primera en esta presentación): enero, 2009

Diseño y realización de cubierta: Paso de Zebra

Depósito legal: M. 54.683-2008
ISBN: 978-84-670-3022-8

Espasa, en su deseo de mejorar sus publicaciones, agradecerá cualquier sugerencia que los lectores hagan al departamento editorial por correo electrónico: sugerencias@espasa.es

Impreso en España / Printed in Spain
Impresión: Huertas, S. A.

Editorial Espasa Calpe, S. A.
Vía de las Dos Castillas, 33
Complejo Ática - Edificio 4
28224 Pozuelo de Alarcón (Madrid)

Prólogo

«Cuando lleves la carga de la preocupación y la vida te vaya mal, simplemente abróchate bien la armadura y sigue adelante.»

Desde que tengo memoria, este lema, enmarcado y primorosamente escrito a mano, ocupaba una posición privilegiada encima de nuestra chimenea. Era la quintaesencia de la actitud de mi madre ante la vida: el tiempo que pasamos en este planeta es una penitencia.

Y a ella le debía de parecer así. Era la mayor de catorce hijos, tenía una madre alcohólica y su padre les había abandonado. Aunque ella también era una niña, había asumido la responsabilidad de ser tanto madre como padre de sus hermanos durante los peores años de la Depresión.

No hay duda de que la actitud de mi madre tuvo un efecto profundo tanto sobre mí como sobre mi hermano y mi hermana. Al menos mi hermana fue capaz de contrarrestar la parte negativa de la influencia de mi madre. Solía decir:

«Lo que más me preocupa es cuando no tengo nada de qué preocuparme».

Parece una contradicción: ¿cómo es posible que te preocupes cuando no hay nada de qué preocuparse? Sin embargo, yo sabía a qué se refería y sospecho que tú también. Después de todo, cuando tenemos algo que nos preocupa, la preocupación obsesiona nuestra mente. Si lo que nos preocupa realmente ocurrió, lo más probable es que nueve de cada diez veces no haya supuesto una tragedia. Pero esa preocupación, por insignificante que sea, impide que nos preocupemos por auténticas tragedias.

No me cabe ninguna duda de que el que me separaran de mis padres durante una evacuación al principio de la Segunda Guerra Mundial no sirvió más que para confirmar la autenticidad del lema. Ganar una beca para entrar en una escuela en la que todos los chicos parecían ser superiores social, económica e intelectualmente a mí no sirvió para desacreditarlo. Como tampoco lo hizo mi profesión: odiaba ser asesor financiero.

Cuando examino mi vida pasada parece que solamente consistía en tres cosas:

¡PREOCUPACIÓN, PREOCUPACIÓN
Y PREOCUPACIÓN!

En mi existencia sólo parecía haber una cosa buena: tenía un amigo y compañero realmente genial sin el que, estaba convencido, no hubiera podido soportar esas cargas. Mi amigo era una cajetilla de cigarrillos. No sólo una cajetilla, claro está: estuve fumando entre sesenta y cien cigarrillos diarios durante treinta años.

No hace falta que diga que este amigo tenía sus fallos. El peor de todos era que sabía que me mataría si no lo abandonaba. Intenté varias veces dejarlo, pero cada vez que lo intentaba me sentía tan desgraciado que siempre encontraba una excusa para volver a empezar a fumar. Adopté la siguiente actitud: si así es la vida sin mi amigo, prefiero tener la vida más corta pero más feliz de un fumador.

En 1983 descubrí un método que permitiría a cualquier fumador dejar el tabaco inmediata, fácil y permanentemente, sin tener que usar la fuerza de voluntad ni padecer síndrome de abstinencia. Lo llamé EASYWAY por motivos evidentes. Dejé de ser asesor financiero y abrí la primera de mis clínicas. En la actualidad existen más de cuarenta clínicas en todo el mundo y ahora se me reconoce como el principal experto mundial en dejar de fumar.

Pronto me di cuenta de que el método EASYWAY es mucho más que una cura para el tabaquismo y que resulta igual de eficaz para cualquier drogadicción. De hecho, es una receta para llevar una vida feliz.

Estoy intentando recordar la última vez que me preocupó algo. Fue hace dieciocho años, cuando dejé mi trabajo como asesor financiero y firmé una hipoteca de 30.000 libras. Me preocupaba que mi aventura empresarial con

EASYWAY no funcionara y no ser capaz de hacer frente a la hipoteca de esa primera clínica. Si se dieran las mismas circunstancias en la actualidad, no me preocuparía; y no porque, mirando hacia atrás, haya tenido éxito, sino porque no hacía falta preocuparse.

¿Acaso estoy afirmando categóricamente que no me he vuelto a preocupar por nada desde entonces? No, claro que no. Pero el hecho de que no me acuerde de haberme preocupado demuestra mi argumento. Sí que recuerdo que mi vida era una preocupación constante antes de descubrir EASYWAY.

¿Acaso estoy afirmando categóricamente que pasaré el resto de mi vida sin preocuparme, sin problemas, sin depresión y sin estrés? No, claro que no. Tengo muchos problemas, pero raramente tengo depresión o estrés.

Este libro no consiste en dar una serie de consejos útiles para ayudarte a afrontar mejor las preocupaciones de la vida, sino en una explicación de por qué puedes vivir casi

LIBRE DE PREOCUPACIONES

¿Simplemente tuve suerte?

En el sentido de que, como a la mayoría de la gente, se me había lavado el cerebro desde que nací para creer que la preocupación es una parte inevitable de la vida y que pasé la mayor parte de los que deberían haber sido los mejores años de mi vida en un estado de preocupación, la respuesta es: ¡No, está claro que no tuve suerte!

Sin embargo, en el sentido de que escapé del lavado de cerebro mientras que la gente lo conserva durante toda su vida, ¡tuve muchísima suerte!

¿Hace falta que tengas suerte?

Afortunadamente, ¡no! Una persona se puede pasar la vida buscando la combinación correcta del cerrojo que la liberará de la cárcel. Tú puedes salir de esa misma cárcel en unos pocos segundos si se te dice cuál es la combinación correcta.

Preocuparse no es natural

Es el resultado del lavado de cerebro del hombre civilizado. A mí me llevó casi toda la vida descubrir la llave que me liberaría de esa cárcel. Si te preocupas, estarás en la misma cárcel. La misma llave que me liberó a mí te liberará a ti. EASYWAY es la llave que permitirá que tengas una vida libre de preocupaciones. Sólo tienes que seguir las instrucciones para utilizarla.

Abre tu mente

Ésta es la primera instrucción y la más importante; también resulta ser la más difícil. ¿Te consideras una persona de mente abierta? Claro que sí, todo el mundo piensa que lo es. Pruébalo por ti mismo: intenta encontrar una sola persona que se considere estrecha de miras. ¡No encontrarás ninguna! Por tanto, acepta que tú y yo somos iguales.

¿La tierra es redonda o plana?

Si vives en Inglaterra, ¿visualizas a los australianos boca abajo o a los españoles asomando por un lado del globo terrestre? Hace más de trescientos años que sabemos que la Tierra gira alrededor del Sol y no al revés. ¿Por qué, entonces, visualizamos el Sol saliendo por el Este y poniéndose por el Oeste? Estos dos son ejemplos clásicos de cómo sabemos algo y, sin embargo, conservamos una visión completamente distorsionada. A causa del lavado de cerebro. No sólo es imprescindible acabar con el lavado de cerebro, también lo es terminar con la visión distorsionada.

¿Qué es el lavado de cerebro?

Mi diccionario lo define como «provocar un cambio radical de las ideas y creencias de una persona». Acepto que la belleza está en los ojos de quien la contempla; pero al afirmar que la Tierra es redonda o plana estamos hablando de hechos. Para servir a los propósitos de EASYWAY, defino el lavado de cerebro como «convencer a una persona de que un hecho auténtico es falso». Antes de 1492, a las personas del mundo civilizado se les lavó el cerebro para que creyeran que la Tierra era plana. A nosotros nos han lavado el cerebro para que creamos que preocuparnos es algo normal e inevitable. No lo es.

¿Estás convencido de que preocuparse es algo inevitable?

Si es así, ya has fallado; no has seguido la primera instrucción. ¿Significa eso que te estoy pidiendo que aceptes sumisamente todo lo que te digo sin cuestionarlo? Al contrario, es fundamental que seas escéptico. Cuestiona lo que te digo, cuestiona también tus propias creencias y las creencias que te ha inculcado la sociedad. Lo único que nos interesa es descubrir la verdad. ¿Cómo puedes tener la mente abierta si empiezas con la idea preconcebida de que preocuparse es inevitable?

No es fácil ser abierto de mente

Te será fácil tener una vida libre de preocupaciones si comprendes y sigues todas las instrucciones. Sin embargo, no siempre es fácil seguir las instrucciones. ¿Puedes imaginar lo difícil que resultó convencer a la gente a la que se le había lavado el cerebro desde su nacimiento para creer que la Tierra era plana, de que lo cierto es que tiene forma redonda, cuando todo el mundo pensaba que era plana y podían ver con sus propios ojos que era plana? Tú estás en una situación muy parecida.

No tienes absolutamente nada que perder

Cuestionar creencias de toda una vida requiere tanto imaginación como inteligencia. También puede requerir valor, y eso es justo lo que tú vas a utilizar. Si estás leyendo un libro sobre cómo dejar de preocuparte, es lógico pensar que en la actualidad tu vida no es un lecho de rosas y que probablemente te sientes un poco deprimido. ¡No te sientas así! ¿Cuántas veces en la vida has estado en una situación en la que tienes tanto que ganar y nada que perder?

Pensamiento positivo

Algunas personas creen que *Es fácil dejar de preocuparse* es simplemente un ejercicio de pensamiento positivo. Ése es un ingrediente imprescindible y la REGLA DE ORO N.º 1. Pero hay mucho más. El pensamiento positivo por sí solo no hizo posible que yo dejara de fumar o me liberara de las preocupaciones. Ya sabes, ideas tales como: «Mira siempre el lado bueno de las cosas», o «Siempre hay alguien que está peor que tú», o «¿A que es genial estar vivo?», resultan lógicas y, ciertamente, son técnicas que te ayudan en determinadas circunstancias. No obstante, también pueden ser ejemplos de

PENSAMIENTO NEGATIVO

Pensamiento negativo

Ese tipo de consejos sólo se dan cuando ha ocurrido una tragedia, grande o pequeña. Están diseñados para distraerte de la tragedia. Sin embargo, lo cierto es que pensar así puede ser negativo. Se supone que los avestruces entierran la cabeza en la arena creyendo que, si no pueden ver el peligro, éste no existe. Resulta evidente que el avestruz es diez veces más vulnerable cuando tiene la cabeza enterrada en la arena. Los ejemplos que te he dado son trucos habituales que solemos utilizar. En lugar de enfrentarnos al problema y solucionarlo, intentamos cerrar nuestra mente respecto a él con la esperanza de que se solucione. Al hacer esto, simplemente prolongamos el problema y hacemos que aumente su efecto. Me alegró aprender que

LOS AVESTRUCES NO ENTIERRAN
LA CABEZA EN LA ARENA

Los avestruces no entierran la cabeza en la arena

Ni ellos ni el resto de la increíble variedad de especies que hay en el planeta. ¿Por qué no lo hacen? Ya hemos contestado a esa pregunta: porque hacerlo es algo increíblemente estúpido. ¿No te resulta irónico que la única especie del planeta que adopta una táctica tan increíblemente estúpida sea la especie que tiene el cerebro más grande y que se cree la más inteligente? Lo cierto es que

ES MENOS INTELIGENTE
QUE UNA AMEBA

Es menos inteligente que una ameba

¿Cómo puede ser posible? Porque cada criatura del planeta, incluido el hombre, fue creada por la Madre Naturaleza. Con la excepción de nosotros mismos, cada especie que ha sobrevivido hasta la actualidad lo ha hecho actuando según su instinto: no tiene más alternativa que seguir las reglas de la Madre Naturaleza. Dichas reglas están basadas en la selección natural: dicho de otra manera, tres mil millones de años de pruebas y rectificaciones.

¿Me he olvidado de Dios?

Ni hablar. Pero Dios significa cosas distintas para las distintas religiones. Este libro habla de hechos, no de fe. Cualquiera que sea el Dios en el que crees, la evolución fue el proceso que utilizó. No podemos negar su existencia, así que, para evitar confusiones u ofender a alguien, me referiré tan sólo a la Madre Naturaleza.

HECHOS

¿Soy religioso?

No puedo contestar a esta pregunta con un «sí» o con un «no». Mi diccionario define religión como «creer en un poder sobrenatural que tiene control sobre el destino humano». También define sobrenatural como «relativo a las cosas que no pueden explicarse con las leyes naturales».

No creo que haya alguien ahí arriba cuidando de mí. No obstante, sí que creo que, sea cual sea la inteligencia que me creó a mí, a ti y a las demás criaturas del planeta, se trata de una fuerza del bien y no del mal, y que pretendía que disfrutáramos de la vida. Lo creo no como acto de fe o porque sería estupendo que así fuera, sino basándome en hechos que me resultan difíciles de refutar.

La humanidad moderna, civilizada y tecnificada

... sólo lleva estos doscientos últimos años existiendo en el planeta. Y, sin embargo, somos tan arrogantes que creemos que nosotros sabemos más que la inteligencia acumulada durante tres mil millones de años. Analicemos algunos hechos indiscutibles antes de que tires este libro a la papelera. ¿Acaso es muy inteligente crear bombas tan terribles que ni siquiera nos atrevemos a utilizarlas contra nuestros enemigos? ¿Es inteligente que la mitad del mundo sufra la miseria y la hambruna, mientras que la otra mitad padece obesidad y enfermedades coronarias por comer demasiado?

Contaminación

¿Es inteligente contaminar nuestros estanques, lagos, ríos, mares, la comida que comemos e incluso el aire que respiramos? ¿Es inteligente agotar en tan sólo doscientos años la madera y los recursos minerales que necesitaron tres mil millones de años para crearse? ¿Es inteligente agotar este hermoso planeta que hemos heredado y dejar a nuestros nietos un mundo de desiertos y asfalto?

Hablo de hechos

Quizá estés pensando ahora que, lejos de acabar con tus preocupaciones, lo único que estoy haciendo es incrementarlas. ¡De ninguna manera! Tú eres tan consciente de estos hechos como lo soy yo. Intentamos utilizar una parte de la «filosofía del avestruz». Intentamos cerrar nuestra mente a estos hechos, pero son como unas nubes negras que crecen en alguna parte de nuestra mente. Son la causa principal de nuestro estado de preocupación.

Aprendamos de la Madre Naturaleza

Quizá te hayas formado también la opinión de que, para acabar con la preocupación, de alguna manera debemos invertir los efectos de nuestra estupidez. Aunque eso pueda ser deseable, no está al alcance de este libro. La cuestión es que los animales salvajes se ven más afectados por nuestra estupidez que nosotros mismos. La contaminación del planeta, combinada con la destrucción de sus hábitat naturales, asegura que cada día se extingan más especies. Irónicamente, nosotros, los culpables, cada vez nos sentimos más preocupados por estos hechos incuestionables, mientras que a las víctimas no les causa ni un ápice de preocupación. ¿Por qué?

Porque los animales sólo viven en el presente

Sin duda, esto es parte de su secreto. Antes de descubrir EASYWAY, impedir los desastres naturales era para mí una causa de preocupación constante. En la actualidad eso no me provoca ni un ápice de preocupación.

Mi diccionario define preocuparse como: «Estar ansioso sobre algo incierto o potencialmente peligroso». La clave está en la palabra «incierto».

Regla de Oro N.º 2

Si tienes un problema, actual o potencial, debes examinar ante todo si tienes una solución. Si la tienes, el problema ya está solucionado. Si no puedes encontrar una solución inmediata, diseña un plan de ataque. Si eso significa pedir ayuda a tus amigos o a profesionales, hazlo. Si eres incapaz de solucionar el problema, acepta el hecho, pero no te preocupes por ello.

¡Es más fácil decirlo que hacerlo!

Puede que pienses que la REGLA DE ORO N.º 2 es evidente. Lo es. De hecho, la mayoría de mis consejos lo son. Todos los consejos que doy son lógicos. Puede que preguntes: «Si no tengo solución para un problema grave, ¿cómo puedo evitar preocuparme por él?».

Te prometo que es posible no preocuparse por él. Todos nos enfrentamos a problemas graves, reales o potenciales, que no nos causan la menor preocupación. Echémosle un vistazo a

LA REGLA DE ORO N.º 3

La Regla de Oro N.º 3

Descubrirás que si analizas la mayoría de las cosas que te preocupan, suele tratarse de situaciones problemáticas que pueden ocurrir. La preocupación siempre está relacionada con la incertidumbre. En la gran mayoría de los casos, aunque ocurriera lo peor, el resultado sería tan trivial que te darías cuenta de que ni siquiera tenías que haberte preocupado por ello. Nos han lavado el cerebro para que nos preocupemos por cosas triviales. EASYWAY es un ejercicio contra el lavado de cerebro.

REGLA DE ORO N.º 3: Antes de empezar a preocuparte asume que va a ocurrir lo peor y pregúntate si realmente merece la pena preocuparse por ello.

La Instrucción N.º 2

¿Cuál es la diferencia entre **INSTRUCCIONES** y **REGLAS DE ORO?** Las Reglas de Oro son las guías que debes seguir cuando hayas terminado de leer *Es fácil dejar de preocuparse* para asegurarte de que llevas una vida libre de preocupaciones. Las Instrucciones son las guías que debes seguir mientras lees este libro para asegurarte de que entiendes y, por tanto, sigues todas las Reglas de Oro. ¿Sigues confuso? No te preocupes. Tan sólo hay dos instrucciones. La primera es que abras tu mente. La segunda es:

EMPIEZA CON UN ESTADO MENTAL ALEGRE

Empieza con un estado mental alegre

¿Cómo puedo pretender que empieces con un estado mental alegre cuando tienes todas las preocupaciones del mundo sobre tus espaldas? Evidentemente habrás escuchado este tópico: «Los días de escolar son los mejores de nuestra vida». Si es cierto, ¿por qué hay cada vez más escolares que se suicidan? Porque la escuela, en lugar de ser una preparación excitante y esencial para alcanzar la supervivencia y la madurez, como es el aprendizaje en el reino animal, consiste principalmente en que durante el período más vulnerable de nuestra vida no seamos

EL ESLABÓN MÁS DÉBIL

El eslabón más débil

¿Por qué nos resultan tan fascinantes los programas concurso? ¿Acaso somos todos tan sádicos que disfrutamos viendo cómo médicos, psiquiatras y profesores tiemblan delante de un presentador que hace que el interrogador más temible de la Inquisición parezca la Madre Teresa? Creo que no es así. Creo que los programas concurso en televisión son tan populares porque podemos satisfacer con ellos nuestro deseo natural de conocimientos en la seguridad de nuestros hogares, en lugar de sufrir la humillación que experimentamos en el colegio.

La Regla de Oro N.º 4

Lo único que nos hace seguir siendo ignorantes es el miedo a parecer ignorantes. En algún momento de tu vida seguro que has estado en una reunión de adultos a los que se estaba dirigiendo un experto en algún tema. El experto parece estar hablándote en chino. Miras a tu alrededor y te das cuenta de que los demás parecen tan confusos como tú. Entonces alguien tiene el valor de levantarse y decir: «Perdóneme por ser tan tonto, pero no entiendo ni una sola palabra de lo que ha dicho».

Las palabras no me hacen daño

... es uno de los primeros *mantras* que aprendemos a recitar, pero lo cierto es que nunca llegamos a comprender lo hermoso que es. Cuando esa persona se levanta, ¿la despreciamos? Al contrario: la envidiamos por tener el valor de reconocer que no lo ha entendido. Ella no necesita valor para hacerlo; tú tampoco. Se nos ha lavado el cerebro para que nos sintamos avergonzados por no entender algo. Ese lavado de cerebro es el mayor bloqueo que nos impide eliminar la preocupación de nuestra vida.

Alégrate cuando reconoces tu ignorancia

¿Eso es como decir «Soy estúpido pero me enorgullezco de ello»? No, es justo lo contrario. A nadie le gusta parecer estúpido y, mucho menos, serlo. Es verdad que algunas personas son más inteligentes que otras, pero cada cerebro humano encierra una inteligencia increíble. ¿De qué te sirven las piernas si tienes miedo de usarlas? ¿De qué te sirve el cerebro si no lo utilizas? ¿Cómo puedes eliminar la ignorancia si no aceptas que la tienes?

VALOR

Alégrate al eliminar el lavado de cerebro

Nos han lavado el cerebro para que nos preocupemos. Nos han lavado el cerebro para que no reconozcamos que somos ignorantes y que tenemos miedos y debilidades. ¿Cuál es la única causa de preocupación? Que no controlamos nuestra vida, sino que la controlan la suerte, el destino, nuestros seres queridos o nuestros gobiernos. Te aseguro que la increíble inteligencia que nos ha creado a cada uno de nosotros nos ha equipado para que tengamos el control de nuestra vida y para que la vivamos libres de preocupaciones.

¿Preocupación, problemas, estrés y miedo son sinónimos?

¡No! Cuando te sientes fuerte tanto física como mentalmente, los problemas dejan de causarte una preocupación constante y se convierten en retos excitantes a los que enfrentarte y superar. Un ejecutivo poderoso considera que su trabajo es estresante, pero ¿dónde está el gran estrés? Sabe de dónde saldrá su próxima comida, que tiene un hogar seguro y confortable en el que dormir y que no le atacarán los animales salvajes cuando salga de su casa. Lo peor que le puede ocurrir es perder el trabajo. ¿Acaso eso es un peligro de muerte?

Los animales salvajes no tienen estrés

Un conejo es vulnerable al ataque de los zorros durante toda su vida; ni siquiera está a salvo dentro de su madriguera. Pero está equipado con adrenalina y otras sustancias para poder manejarlo. Se puede alimentar a sí mismo y puede alimentar a su familia, y puede reproducirse a mucha más velocidad que los humanos. El conejo normal parece mucho más feliz que el ser humano normal. Un animal salvaje únicamente siente estrés en el momento en que es hecho prisionero por los humanos.

El estrés de la cautividad

Odiamos ver cómo un animal enjaulado pasea por su jaula. Nos recuerda a la prisión que hemos creado para nosotros mismos. Somos la única especie que se obliga a ir al colegio y a pasar la mitad de su vida trabajando para otros. Somos la única especie que ha aprendido a llorar. ¿Cuál es el principal instinto de todas las criaturas? **¡LA SUPERVIVENCIA!** Porque nuestro mayor don es la alegría de estar vivos. Somos la única especie que ha convertido esta alegría en una desgracia. Tanto, que algunos de nosotros preferimos el suicidio a estar vivos.

¿Estoy sugiriendo que volvamos al estado salvaje?

¡No! El mundo moderno tiene demasiadas ventajas, como haber evitado morirnos de hambre y ser atacados por animales salvajes, contar con un hogar seguro y confortable y disponer de métodos de comunicación y de transporte rápidos y económicos. Es cierto que nuestros cerebros son muy superiores a los de las otras especies: deberíamos utilizarlos para hacer que nuestra vida fuera más feliz, y no al contrario. Así es como funciona EASYWAY.

Lo único que debemos temer es el temor en sí mismo

Nunca supe lo cierta que era la frase de Roosevelt hasta después de descubrir EASYWAY. ¿Qué originó la Gran Depresión? No fue la hambruna, las inundaciones o la peste; fue el derrumbe de Wall Street. En otras palabras, un exagerado optimismo creado por una economía falsa seguido por el pánico cuando reventó la burbuja. Roosevelt solucionó el problema devolviendo la confianza.

La Regla de Oro N.º 5

... es dejar de ver el miedo como un enemigo o una debilidad. El miedo es una de las maravillosas técnicas de supervivencia con las que nos ha equipado la Madre Naturaleza a las criaturas para evitar ser heridas o morir. No te debería avergonzar el miedo, como no te avergüenza instalar alarmas o detectores de incendios en tu casa.

Confundimos temores y fobias

El miedo a ser atacado, a las alturas, al fuego, a la asfixia, a ahogarse, etc., es perfectamente natural y es vital para nuestra felicidad. El miedo es como una alarma antirrobo: nos avisa de que podemos resultar heridos, o incluso morir, y nos permite actuar para remediarlo. El miedo es un amigo. Una fobia es un miedo irracional, un miedo que no tiene una base lógica.

No confundas miedo y preocupación

Una alarma de incendios puede ser la alerta de un peligro genuino o de uno falso. Lo mismo pasa con el miedo. Si el peligro es genuino, elimina las preocupaciones aplicando la **REGLA DE ORO N.º 2.** En la sociedad occidental hay muchos peligros genuinos que no pueden ser superados con facilidad. Si resulta que el peligro es infundado, todavía hay menos necesidad de preocuparse por él.

Causas habituales de preocupación

Analicemos algunas de ellas:

1. Depender de una persona o de una organización para algo que consideramos vital para nuestra felicidad.
2. Sentirse mal física o mentalmente.
3. Preocuparse por la salud o por la de los seres queridos.
4. Una conciencia sucia.
5. Sufrir por algo que ha salido mal. Llorar a toro pasado.
6. Duda e indecisión.

Problemas específicos

Ahora piensa en un problema específico que o bien te está preocupando en este momento o ha sido una importante causa de preocupación en el pasado. Descubrirás que encaja en una o más de esas seis categorías. La madre de un niño con deformidades que fumó durante el embarazo se preocuparía por las seis razones. Eliminemos las seis, no en secuencia numérica, sino en orden inverso de dificultad. La **REGLA DE ORO N.º 6** es:

NO TE LAMENTES A TORO PASADO

No te lamentes a toro pasado

¿Cuántas veces has utilizado y escuchado esta manida expresión: «No tiene ningún sentido cerrar la puerta de la cuadra cuando el caballo ya se ha escapado», o alguna equivalente? Todos reconocemos que el refrán es sabio. Entonces, ¿por qué pasamos tanto tiempo flagelándonos por lo que hemos hecho? Es el síndrome del «eslabón débil». Se nos ha lavado el cerebro para que creamos que un error es un crimen que merece un castigo y, si los demás no nos castigan, ¡nos sentimos obligados a castigarnos nosotros mismos!

Hace falta algún tiempo para remediarlo

El lavado de cerebro ha sido constante durante muchos años y lo tenemos profundamente arraigado. No te preocupes si necesitas tiempo para acabar con él. Roma no se construyó en una hora. Si te encuentras a ti mismo llorando a toro pasado, para el carro. Te sorprenderá lo satisfactorio que es aceptar, sin pestañear, el tipo de desastre que antes te hubiera hecho venirte abajo. Sabes que es estúpido llorar por algo que ya ha pasado, así que entrénate para no hacerlo.

Revisión

No contesté a la pregunta anterior: «Si no tienes una solución para un problema grave, ¿cómo puedes no preocuparte por ello?». Si el desastre ya ha ocurrido, lloras a toro pasado. Si temes que ocurra y no tienes ningún control sobre si ocurrirá o no, carece de sentido que te preocupes.

La Regla de Oro N.º 7

No tengas miedo de cometer errores: «Rectificar es de sabios». Una vez más, sabemos valorar que esta afirmación es cierta. Siempre que actuemos de forma responsable y razonable, cometer un error no es un crimen. Tampoco la ignorancia; pero sí que cometamos una falta por vergüenza a reconocer nuestra ignorancia y, como consecuencia de ello, no hagamos nada para remediar una situación negativa. Acepta que cometer errores no tiene que preocuparte, y que eso constituye un ingrediente fundamental para tener una vida libre de preocupaciones. La clave es:

TENER ABSOLUTO CONTROL
SOBRE TU VIDA

Tener absoluto control sobre tu vida

¿Cómo puede alguien tener absoluto control sobre su vida? Quizá mañana mismo caiga un meteorito y nos extingamos, como ocurrió con los dinosaurios. Pero eso no sería la vida..., sino la muerte. Prueba lo que estoy diciendo. Si nuestro principal instinto es el de supervivencia, y el mayor don que hemos recibido, la alegría de estar vivos, ¿cuál es la peor posibilidad a la que nos enfrentamos? No la de estar vivos... ¡sino la de estar muertos!

¿Vives preocupado por la muerte?

Mucha gente vive así y lleva una vida muy desgraciada. Irónicamente, la única vez que recuerdo haberme preocupado por la muerte fue justo en la época en la que había menos posibilidades de que ocurriera: cuando era un niño. Cuando estaba a punto de cumplir cincuenta años, esperaba que sucediera. No me preocupaba exageradamente. ¿Por qué? Porque el tabaco me había hecho débil física y mentalmente, y mi calidad de vida era tan baja, que la muerte significaba una alternativa aceptable.

¿Me preocupa la muerte ahora?

¡Jamás! Esto también es irónico: cuanto más viejo me hago y más cerca está la muerte, más valoro cada día. Ahora me siento fuerte tanto física como mentalmente. He aprendido a no desperdiciar esos valiosos días por agua pasada y a no preocuparme por cosas sobre las que no tengo ningún control o que puede que jamás ocurran. ¿Por qué no me preocupa mi inminente muerte? Por el mismo motivo por el que no me preocupo porque vayan a acabarse mis dos semanas de vacaciones. Algunas personas lo hacen. Yo me concentro en intentar disfrutar de cada valioso momento.

¿La muerte es la peor posibilidad de todas?

Puede que tú seas capaz de imaginarte algo peor. Yo también puedo imaginarlo. Pero siempre está la opción de la muerte. Por tanto, la peor posibilidad de todas es la muerte. No obstante, puede que tu religión prohíba el suicidio: es elección tuya. La Madre Naturaleza tiene compasión. A mí me resulta difícil creer que el mismo creador que me dio el maravilloso don de la vida me niegue el alivio si, por el motivo que sea, esa vida me resulta intolerable.

¿Cómo puede no preocuparte la muerte de tu hijo?

Yo no ofrezco una vida libre de tragedias, ni doy por sentado que tu vida sea un lecho de rosas. Las tragedias son inevitables, estén o no causadas por la muerte de un ser querido. Pero no confundas llorar la pérdida de alguien con la preocupación. El duelo nos permite absorber los efectos de una tragedia, al igual que llorar es a la vez la prueba de una tragedia y parte del proceso de curación. ¿Acaso no nos sentimos mejor después de haber llorado? Sabemos que es posible exagerarlo, pero ¡sería masoquismo no llorar una pérdida!

¿La clave es vivir el momento?

Al contrario: el principal motivo de que la vida de la gente esté tan llena de preocupaciones es que vive en el presente. Es imposible que disfrutes de unas vacaciones maravillosas a menos que las planifiques y que ganes suficiente dinero como para poder permitírtelas. Puedes disfrutar de las vacaciones en sí mismas, de los preparativos e incluso del trabajo que realizas para pagarlas. Cuanto más agradables sean las vacaciones, más desgraciado te sentirás la mañana del lunes en que vuelvas al trabajo:

NO ESTROPEES ESAS VACACIONES

No estropees esas vacaciones

... lloriqueando porque se han acabado. Con eso lo único que conseguirías es convertir una experiencia maravillosa en algo pasado. No tiene ningún sentido compadecerse de algo que ya ha ocurrido, especialmente cuando no hay ningún motivo para hacerlo. Éste es un ejemplo que demuestra lo importante que es pensar en positivo. Tienes dos opciones: o te sumerges en la desgracia, o reflexionas sobre lo bien que lo has pasado y disfrutas planeando las siguientes vacaciones.

La vida te da lo que tú te buscas

Es ésta otra frase muy manida, pero en este caso sólo en parte cierta. Ocurre como con las vacaciones: únicamente las conseguirás si las planeas y te las ganas. Los animales salvajes enseñan a sus crías las lecciones que necesitan aprender para madurar y llevar una vida feliz. Haz el esfuerzo necesario y conseguirás un millón de veces más.

REGLA DE ORO N.º 8: Invierte en el futuro. Un ejemplo evidente es el que tiene que ver con el dinero.

El dinero no compra la felicidad

Habitualmente utilizado por la gente que no goza de una economía desahogada, este refrán antiguo contiene mucha verdad. En cualquier caso, el dinero hace que aumenten los problemas del hombre rico. Éste argumentará: «¡Prefiero ser desgraciado con dinero que sin él!». Y eso también es cierto. Cuando le pido a la gente que me haga una lista de sus preocupaciones presentes, pasadas y futuras, el dinero siempre aparece como raíz de la mayoría de ellas. Esto es así aunque la preocupación esté relacionada con sus hijos o sus padres, y aunque la persona que está preocupada tenga dinero para llevar la vida que quiera durante el resto de su vida.

Ni sobrestimes ni menosprecies el valor del dinero

Cuando era asesor financiero con unos ingresos considerables, me pasaba la mayor parte de la vida sintiéndome inseguro, desgraciado y deseando tener más dinero. Desde que descubrí EASYWAY tengo tanto dinero como tenía entonces, me siento feliz, seguro, y me doy cuenta de que tengo más de lo que necesito. No pretendo sermonear. Si estás fuerte física y mentalmente, conseguir el dinero suficiente deja de ser un problema. Si no lo estás, también puedes obtener riqueza, pero disminuyen las posibilidades de ser feliz.

No necesitas tener millones para ser millonario

¿Qué sentido tiene obtener una gran riqueza, por encima de tus necesidades, a menos que te proporcione una mayor felicidad? Hay demasiadas personas que se pasan años trabajando duramente para conseguir una fortuna, arruinan su salud en el proceso y, al final, cuando consiguen su objetivo descubren que no tienen amigos y que no sacan ningún placer de las cosas que se pueden permitir. Es mucho mejor reducir los gastos para que encajen con tus ingresos y te quede un poco de dinero extra, y pasarte la vida realizando las cosas que te hacen feliz.

No confundas responsabilidad y estrés

Me lavaron el cerebro para que creyera que mi trabajo de asesor financiero exigía mucha responsabilidad. Pero, ¿dónde estaba esa gran responsabilidad? Si cometía un error, ¿acaso eso ponía en peligro mi vida? Desde luego que era un trabajo estresante, pero eso se debía a que lo odiaba; la responsabilidad no tenía nada que ver con ello. Mi trabajo actual sí que exige mucha responsabilidad: un error mío podría costarle a mis clientes su felicidad o incluso su vida. ¿Me resulta estresante? Al contrario, me encanta.

Ojo con lo que deseas

Puede que se cumpla. Como en mi caso, hay muchas personas que malgastan años y años intentando que se hagan realidad sueños que les han metido con el lavado de cerebro. Es como si te cayeras en un río con mucha corriente y te pasaras el resto de la vida controlado por su curso. No te estoy aconsejando que abandones la sociedad moderna; tiene demasiadas cosas que ofrecer. Pero sí te aconsejo que te sientes y te preguntes qué quieres de la vida. En este momento no te preocupes si crees que puedes conseguirlo o no. Toma esa decisión cuando hayas acabado de leer el libro.

No me considero un gran escritor

Más bien me considero alguien que tiene mensajes importantes que quiere transmitir. En el Prólogo expresé que me preocupaba si funcionaría EASYWAY. Sabía que podía funcionar con cualquier fumador, pero, ¿era yo lo suficientemente competente como para transmitir los mensajes importantes? Soy un perfeccionista, una persona muy concienzuda, y me acabo de acordar de la responsabilidad que tengo contigo. Durante un momento fugaz me ha preocupado no conseguir comunicarme bien contigo.

¿Por qué ha sido fugaz ese momento?

Porque enseguida me he recordado a mí mismo uno de los principios de EASYWAY: equivocarse no es un delito. Aunque me equivoque, no hay nada que perder. Si no escribo el libro, tú no podrás beneficiarte de él. Sé que es imposible alcanzar la perfección, así que no me preocupa no alcanzarla, intentar hacer algo garantiza que intento hacerlo lo mejor posible y me deja con la conciencia tranquila y sin preocupaciones. Se te puede culpar de no intentar hacerlo lo mejor posible, pero nadie te puede culpar de no conseguir la perfección, ni siquiera tú mismo. Puede que estés pensando:

¡ESO ESTÁ MUY BIEN SI ERES ALLEN CARR!

¡Eso está muy bien si eres Allen Carr!

Está muy bien que tenga la conciencia tranquila y no se sienta preocupado, pero, ¿qué pasa si no consigue transmitir su mensaje? Me alegra poder recordarte que tú estás exactamente en la misma situación: en una situación en la que no tienes nada que perder. Deja también que te recuerde la **INSTRUCCIÓN N.º 2:**

¡EMPIEZA CON UN ESTADO MENTAL POSITIVO! ¿Estás en un estado mental positivo? Si no lo estás, ¿por qué?

¿Acaso es un trato tan malo?

Al fin y al cabo no tienes absolutamente nada que perder. Te doy mi palabra. Una vida sin preocupaciones es una perspectiva genuinamente maravillosa. Quizá ése sea tu problema: tan sólo se trata de una perspectiva. No, no lo es. La vida fue creada para ser así. Lo es para más del 99,999% de las criaturas que habitan en el planeta. Tan sólo la que se supone es la especie más inteligente de la Tierra crea la preocupación. Pongamos esto a prueba.

¿Tu perro se preocupa alguna vez?

La respuesta es: sin duda, sí. Se preocupa cuando se pasa la hora de su comida o de su paseo. Se preocupa cuando no le dejas montar una perra que está en celo. Se preocupa cuando es evidente que tú estás enfadado porque no ha respetado alguna de tus reglas. Pero, sobre todo, se preocupa cuando se le priva de la compañía de la persona a la que ama y de la que depende para que alguien le quiera, porque no sabe cuándo regresará esa persona. Las preocupaciones de tu perro están causadas por su dependencia hacia ti. Ése es el motivo de que se alegre tanto de verte después de una ausencia prolongada.

¿Se preocupa alguna vez tu gato?

Yo diría que no. Llegué a esta conclusión después de tener que dejar mi cama calentita en una noche helada para permitir que entrara por la puerta principal una gata quejica que una semana antes había decidido que nuestra casa sería su próximo hogar. Yo le había instalado una gatera en la puerta trasera, pero ella la había despreciado porque sentía mucho más placer haciéndome esperar mientras entraba tranquilamente por la puerta principal, con la cola bien tiesa. Eso me convenció de que en su vida no había ningún tipo de preocupación.

Liberarse de la preocupación

... es tener control. No depender de alguien por esas cosas que consideramos imprescindibles en la vida. Esto incluiría disponer del tiempo y del dinero necesarios para el entretenimiento, los deportes y las aficiones. También significa aceptar y no preocuparse por los desastres potenciales sobre los que no tienes ningún control. Una fuente habitual de preocupaciones difícil de eliminar es

ALGUIEN QUE DEPENDE DE TI

Alguien que depende de ti

Quizá la peor situación sea la de una madre soltera con un hijo minusválido que se preocupa de lo que le pueda suceder si ella muere antes que él. No estoy diciendo que a todos nos resulte posible pasar por la vida sin tener experiencias desagradables; lo que estoy diciendo es que no hay necesidad de preocuparse por esos desastres, que no sirve de nada ni anticipar que puedan ocurrir ni seguir lamentándose cuando han ocurrido. Vamos a poner algunos ejemplos.

Meter a tu perro en una residencia canina

Necesitas unas vacaciones y no tienes más remedio que dejar a tu perro en una residencia canina. Debes tomar una decisión: o irte de vacaciones y aceptar las consecuencias, o sacrificar las vacaciones. No confundas pensar con preocuparte. Hasta que hayas decidido, ni has perdido las vacaciones ni has hecho que tu perro lo pase mal, así que no tienes por qué preocuparte. En el momento en que tomes la decisión —o perder las vacaciones o meter a tu perro en la residencia—, lamentarte de ambas cosas será algo completamente inútil. Sería una estupidez estropear las vacaciones o preocuparte porque tu perro te echa de menos. ¡No lo hagas!

Pero, ¿acaso tomar decisiones no es preocuparse?

Sólo si tienes miedo a tomar la decisión equivocada. ¡Ya hemos hablado de eso! La duda y la incertidumbre son las que crean la preocupación, en otras palabras: **NO TOMAR DECISIONES.** También hemos hablado de eso. Sopesa los pros y los contras, busca toda la información extra que puedas necesitar y, si no resulta evidente cuál es la decisión adecuada, probablemente signifique que no importa mucho qué decisión tomes. Si la decisión que has tomado resulta desastrosa, no tiene sentido castigarte o llorar a toro pasado. Asume que forma parte del proceso de aprendizaje, y en el futuro evita cometer el mismo error.

¿Cómo puede uno evitar preocuparse por el dolor?

Puede que te resulte difícil entender la diferencia, pero la realidad es que no nos preocupa el dolor cuando lo tenemos. Irónicamente, si es lo suficientemente fuerte, eso evita que nos preocupemos por otras cosas. A mí me duelen mucho las muelas desde hace una semana. Soy un cobarde en lo que respecta a lo físico y el dolor me resulta extremadamente desagradable y me obsesiona. Pero no me estoy preocupando por eso. Ya he tomado una decisión para solucionar el problema pidiendo cita al dentista. Mientras tanto, no tengo más remedio que aceptar que es desagradable y no pienso empeorar las cosas preocupándome por ello.

Sí que es posible preocuparse por el dolor

Antes de EASYWAY solía sufrir con mi dolor de muelas durante meses porque me preocupaba ir al dentista. ¿Por qué me sometía a ese dolor prolongado y me preocupaba tanto cuando el tratamiento es absolutamente indoloro? Me habían lavado el cerebro. Solía preocuparme pensando que los dolores prolongados e injustificados los causaba el cáncer. No se trataba de eso. Entonces, ¿por qué me torturaba preocupándome por ellos? ¿Porque se podría tratar del cáncer? Cierto. Pero, ¿preocuparme hubiera servido de algo?

Una pareja que conozco

El marido no pudo superar que su mujer le fuera infiel y abandonó el hogar conyugal. Recurrió a la bebida y ahora parece estar tan triste como ese ridículo payaso llamado Pagliacci. No le juzgo. La esposa es ahora responsable de todo. Resulta evidente que ella está actualmente bajo mucha presión y que su calidad de vida se ha visto afectada. Pero ella sigue estando alegre. ¿Qué puede hacer una madre sino lo mejor por su hijo mientras está viva y asegurarse de que le deja bien protegido en caso de que muera? Si ha hecho eso, no tiene ningún sentido mortificar su vida preocupándose por ello.

Creo que soy un hombre con mucha suerte

Es posible que estés pensando: «Está muy bien que Allen Carr se considere un hombre con suerte. A mí se me quitarían la mayor parte de mis problemas si tuviera tanto dinero como él».

Lo curioso es que cuando era un golfillo callejero nunca me sentí pobre, y cuando me iba muy bien siendo asesor financiero nunca me sentí rico. Sólo tuve suerte porque descubrí EASYWAY.

¿Por qué significó tanto EASYWAY en mi vida?

Yo solía creer que los seres humanos éramos más débiles físicamente que los animales salvajes. También creía que yo era intelectual y socialmente inferior a otras personas. EASYWAY no cambió ni mi potencial físico ni el intelectual, simplemente me hizo ver que me habían lavado el cerebro y que era igual de fuerte físicamente que los animales salvajes e infinitamente superior a ellos desde el punto de vista intelectual.

Ésa es **la REGLA DE ORO N.º 9**, y la clave para llevar una vida sin preocupaciones. ¡EASYWAY hizo que me diera cuenta de que no había motivos para preocuparse!

Tú tienes tanta suerte como yo

Los mismos hechos se pueden aplicar a ti y a cualquier otro ser humano. Ahora también tú has descubierto EASYWAY, y el que te beneficies de ello no tiene nada que ver con la suerte. Sin embargo, sí que tiene mucho que ver con que comprendas las Instrucciones y con que tengas suficiente sentido común como para seguirlas.

La **REGLA DE ORO N.º 10** es asegurarte de convertir todo tu potencial en una realidad.

Las montañas se convierten en granos de arena

Antes de descubrir EASYWAY pasaba la mayor parte de los días preocupándome por minucias y convirtiendo granos de arena en montañas. Cuando te sientes fuerte física y mentalmente, incluso los problemas que de verdad son graves se convierten en retos que debemos superar en lugar de convertirse en la gota que colma el vaso y que hace que te vengas abajo. Imagina la fuerza de un tigre en los años anteriores a la aparición del hombre... ¡Así es como me sentía yo! Dieciocho años después, ahora que soy un hombre mayor, me siento igual de fuerte.

No existe la vejez

Un niño dice: «¡Tengo siete años y medio!». Ese medio es importante: el niño quiere parecer mayor. Antes de darnos cuenta, empezamos a mentir justo en dirección opuesta: deseamos ser más jóvenes. Nos han lavado el cerebro para que creamos que la vejez es un tipo de enfermedad. Los animales no se dan cuenta de lo mayores que son cada año que pasa, así que no sufren ese problema. Cuando te sientes sano física y mentalmente, no importa si tienes dos años o noventa y dos.

Eso es difícil de creer

No, no lo es. Estamos hechos de los mismos huesos y músculos que los tigres. ¿Cómo si no hubiéramos podido colonizar todo el planeta, incluyendo zonas con climas extremos? Cuando tenía poco más de veinte años, pensaba que ya había empezado a ser mayor, y cuando tenía cuarenta y tantos me sentía muy viejo. Eso no debe sorprender. Desde que era apenas un adolescente envenenaba mis pulmones y mi hígado a diario y por lo menos pesaba quince kilos de más por culpa de la comida basura. El milagro no es que me sintiera tan cansado, viejo y desgraciado: ¡el milagro es que consiguiera sobrevivir!

¿La maquinaria más poderosa de la Tierra?

Resulta que es tu cuerpo. De media, sobrevivirá más de sesenta años, a pesar de que hayas abusado descaradamente de él. Si no existiera ese abuso, sobreviviría más de cien años, sin averías, sin necesitar piezas de repuesto o de mantenimiento. ¿Por qué tratamos nuestro cuerpo de esa manera tan temeraria? Uno de los motivos reside en el hecho de que nuestro cuerpo es tan fuerte que soporta los abusos y no vemos razón para cambiar nuestro comportamiento. Pero el principal motivo es que

ELEGIMOS UNA VIDA MÁS BREVE PERO MÁS DULCE

Elegimos una vida más breve pero más dulce

¿Cuántas veces has escuchado la expresión: «... Pero es el único placer que tengo en la vida»? No hace falta ser Sherlock Holmes para deducir que la persona en cuestión se está resistiendo a la exigencia de fumar menos o de dejar de fumar, de beber o de cambiar el tipo o la cantidad de comida que ingiere. Gran parte del lavado de cerebro consiste en convencernos de que sacamos un gran placer y/o un apoyo de la nicotina y del alcohol, y que la única comida que sabe bien es la que nos sienta mal.

¡Ahora has visto la trampa!

Tras haber llegado a este punto, quizá sospeches que para poder llevar una vida libre de preocupaciones tienes que dejar de beber y de fumar y alimentarte con una dieta de fruta fresca y verduras. Quizá también sospeches que mi intención es hacerte comprar otro de mis libros para ayudarte a conseguirlo. Te prometo que no es así. Si pretendiera hacer algo parecido, estaría creando más preocupación y no quitándola. Yo nunca intento convencer a los fumadores de que dejen el tabaco, simplemente hago que les sea fácil dejarlo.

No tienes que renunciar a nada

Menciono el tabaco, el alcohol, etc., porque son una parte importante del lavado de cerebro que hace que nos sintamos débiles física y mentalmente. Todos sabemos que podríamos disfrutar de los acontecimientos sociales y manejar el estrés antes de empezar a beber o a fumar. También sabemos que los ex fumadores o ex bebedores no necesitan ya ni fumar ni beber. Para liberarte de las preocupaciones debes entender que la Madre Naturaleza nos ha proporcionado todas las drogas que necesitamos para ser fuertes y que podemos disfrutar y manejar nuestras vidas.

¿Puedes imaginar una vida sin sentidos?

Ya es lo suficientemente malo nacer ciego, sordo o mudo, pero imagina ser las tres cosas y, encima, no tener ni el sentido del tacto ni el del gusto. Consideramos que el miedo, el hambre, la sed y el dolor son cosas malas y, sin embargo, son alarmas de supervivencia que nos avisan de los peligros, de morirnos de hambre o de deshidratarnos. Puede que el dolor sea desagradable, pero también es una advertencia de que hay algo que está amenazando nuestro cuerpo. Nuestros sentidos nos permiten ser conscientes de los peligros y, por tanto, nos permiten eliminar o mitigar sus efectos.

Asociamos sofisticado y frágil

Tira tu televisor al suelo y dejará de funcionar. Como nuestros cuerpos son tan sofisticados, creemos que también deben ser increíblemente delicados. Pensamos que los bebés son frágiles y, sin embargo, con frecuencia son los únicos supervivientes en terribles accidentes de automóviles. Todos los médicos saben que el instrumento más poderoso de curación no son las medicinas que prescriben, sino nuestro sistema inmunológico. Nuestro cuerpo nos proporciona automáticamente drogas como la adrenalina cuando la necesitamos y, además, en la dosis adecuada.

Muchos médicos están preocupados

Al igual que ahora estamos pagando por los evidentes adelantos materiales de la Revolución Industrial con la contaminación y el agotamiento de los recursos naturales del planeta, muchos médicos están preocupados porque enfermedades como la tuberculosis, el paludismo y la polio, lejos de haber sido erradicadas, perviven en formas aún más virulentas. Los antibióticos también parecen estar perdiendo su efecto. No deberíamos olvidar que la gran mayoría de las enfermedades han sido creadas por la medicina moderna y no curadas por ella. ¿Acaso estamos destruyendo gradualmente nuestro sistema inmunológico? ¿Te has dado cuenta de que estamos descubriendo más enfermedades que remedios?

¡Oh, esas maravillosas píldoras!

Me lavaron el cerebro para que creyera que la indigestión y el estreñimiento eran algo normal. Mi médico me prescribió unas píldoras y un laxante, respectivamente. Hasta que tuve cincuenta años no descubrí que la cura consistía en cambiar mis hábitos alimenticios. La profesión médica es la primera en aconsejar que prevenir resulta mejor que curar, y también que las principales causas de las enfermedades mortales más comunes, como el cáncer y los trastornos coronarios son la dieta, el tabaco, el alcohol y la contaminación y que, por tanto, se pueden prevenir. Entonces, ¿por qué nos concentramos en las píldoras mágicas y no en una sencilla prevención?

¿Cómo se consigue esto?

Es evidente que sería estúpido construir un palacio en un pantano. Hay varios elementos fundamentales para llevar una vida sin preocupaciones: el primero consiste en sentirse sano física y mentalmente. Ésa también es la clave que nos permitirá lograr lo demás. ¿Cómo conseguirlo? Recuerda que nacimos programados para sentirnos fuertes mental y físicamente, y que se nos ha lavado el cerebro para que nos sintamos débiles.

La fuerza física

No hace falta ser un Arnold Schwarzenegger. No tenemos que luchar contra tigres o contra gente físicamente más fuerte que nosotros. En la sociedad occidental moderna la salud mental es la clave. Pero no resulta posible alcanzarla si te falta la energía y te sientes físicamente enfermo. Es algo muy sencillo: deja de hacer las cosas que te convierten en un ser apático y realiza ejercicio de forma sensata.

¿Eso quiere decir que debo dejar de fumar y de beber?

No, no quiere decir eso. Tampoco significa que te tengas que pasar horas en una máquina de remo. Haz que tu vida sea más fácil, empieza algún *hobby,* como correr, pasear, jugar al tenis, al golf, lo que sea, de tal manera que no sólo goces de los beneficios de estar en forma, sino que también disfrutes del proceso. Hay gente que está muy en forma y que fuma y bebe. Pero, recuerda, la mayoría de las personas que dejan de fumar o de beber lo hacen porque no les gusta sentirse apáticos, y no puedo poner suficiente énfasis en lo maravilloso que es sentirse en forma y libre de preocupaciones.

Supongamos que tienes una minusvalía física

Eso no debe impedir necesariamente que te sientas en forma y lleno de energía. Sólo tienes que ver las Parolimpiadas para darte cuenta de lo fuertes que pueden estar las personas con minusvalías. La energía es un don increíble; tiene mucho más valor que el dinero. «El dinero no te hace feliz, pero preferiría sentirme desgraciado con dinero.» Cierto, pero ésa no es la cuestión. ¿Qué tiene de genial sentirte miserable aunque tengas dinero? Poseer energía hace que te sientas bien por estar vivo, seas rico o pobre; también te ayudará a conseguir una seguridad económica.

Supongamos que naciste con una minusvalía mental

Algunas personas nacen así, y una de las maravillas de la Madre Naturaleza es que esas personas no tienen la inteligencia suficiente para preocuparse por ello o por las muchas otras cosas que resultan tan preocupantes a la gente más inteligente. Sin embargo, si tienes inteligencia para leer este libro, tienes capacidad suficiente para convertirte en un gigante intelectual.

De patoso a genio

Cuando era muy joven, a menudo se me acusaba de ser un idiota, y yo creía que lo era. Desde que descubrí mi método, a menudo dicen que soy un genio. ¿Creo que lo soy? No, soy la misma persona. Cuando era joven, me sentía inseguro y me influían esos comentarios negativos; ahora que soy maduro y me siento fuerte, me encanta que me halaguen, pero ni deseo ni necesito engañarme para pensar que soy algo más que una persona normal. Aprendí —y quiero que lo sepas— esto: que una persona normal es alguien muy, muy especial.

¿Te gustaría que te tocara la lotería

... o ser un campeón? ¡Ya te ha ocurrido! También a mí, y a todas las demás personas que viven en este planeta. Para poder nacer tuviste que competir con millones de otros espermatozoides para llegar el primero en la carrera para fertilizar el óvulo. Todos tenemos motivos para sentirnos orgullosos. Puede que tuviera que ver con la suerte, pero también fue necesaria la resistencia. Ni siquiera los campeones olímpicos tienen que competir con millones de rivales. ¡Todos somos personas muy especiales!

¡No todos podemos descubrir el método EASYWAY!

Estoy de acuerdo. Yo tuve suerte. Pero algunas personas creen que en la actualidad hay menos posibilidades, y eso es una tontería. La tecnología evoluciona a un ritmo tremendo, y también las oportunidades. Un bebé debe esforzarse para aprender a andar y a hablar, pero ¡imagina cómo sería su vida si no lo hiciera! Ese esfuerzo inicial ha sido recompensado con creces.

Mi cómic favorito

... muestra a un joven en su primer día de trabajo en el negocio de su padre. El texto: «Esta mañana empezarás con el señor Jones, el director de exportaciones. Quiero que copies su cerebro y aprendas todo lo que sabe. Luego, esta tarde...». Naturalmente, el señor Jones no parece muy contento. Pero podemos aplicar el mismo principio. Cuando un ejecutivo importante alardea —«Tengo cincuenta años de experiencia»—, lo que realmente está diciendo es: «Lo que llevo haciendo durante cincuenta años te lo puedo enseñar en tres semanas».

La seguridad económica

... es una de las claves para tener una vida libre de preocupaciones. Es un hecho que la gran mayoría de los millonarios no son genios financieros que planearon sus carreras. Son personas que no consiguieron un trabajo y tuvieron que sobrevivir por sí mismos, o que no pudieron encontrar un trabajo en su pueblo o en su país, o trabajaban para otra persona y pensaron: «Seguro que yo puedo hacerlo mejor».

Aprendizaje

A muchos de nosotros nos han lavado el cerebro para que creamos que no tenemos lo que necesitamos, o nos da miedo aprender o cometer errores. Si quieres algo más para tu vida, debes darte cuenta de que no tienes nada que perder. Debes considerar la acumulación de conocimientos como lo que realmente es: un reto excitante y agradable, una inversión en una vida más feliz. Empieza por pensar qué te gustaría hacer y qué habilidades debes tener. Háblalo con tus amigos y recuerda: las únicas personas realmente estúpidas son las que tienen miedo de parecer estúpidas.

No se le pueden enseñar nuevos trucos a un perro viejo

Sí, ¡se le pueden enseñar! La **REGLA DE ORO N.º 11** es aceptar que nunca es demasiado tarde para aprender. Por cada manido refrán: «Mira antes de saltar», hay una contradicción igual de manida: «El que duda, pierde». Debería haber madurado y controlado mi vida cuando era un jovenzuelo. ¿El hecho de que no lo hiciera significaba que no podía hacerlo cuando tenía casi cincuenta años? Piensa en positivo: ¡no tienes absolutamente nada que perder y sí mucho que ganar!

Seguro que me he contradicho a mí mismo

He afirmado que una de las claves para tener una vida sin preocupaciones es sentirse independiente. Eso es cierto. Pero, al igual que la independencia económica se consigue teniendo el dinero necesario, la compañía se consigue teniendo los amigos necesarios.

Ningún hombre y ninguna mujer es una isla

Enfrentémonos a los hechos. Durante las primeras semanas de vida tenemos una única amiga. Es ridículo decir que no la necesitamos: dependemos de ella para sentirnos a salvo, calentitos y la necesitamos para alimentarnos. A medida que crecemos y maduramos, ya no la necesitamos tanto, pero eso no quiere decir que seamos más independientes. Un niño sin amigos no pensará que sus años en el colegio fueron los mejores de su vida. Reconozcámoslo: todos necesitamos amigos, y mi vida idílica no lo sería si no los tuviera.

¿Eso significa que no tengo un control completo?

Claro que no. Todos mis amigos son especiales, pero yo no dependo de ninguno de ellos en particular. Solía tener problemas para encontrar un único buen amigo, y con frecuencia resultaba que ese amigo no era tan bueno. Ahora mi problema es justo el contrario: mi vida está tan llena que parece que no tengo tiempo para cultivar amistades adicionales. ¿Cómo describirías tú a un buen amigo?

¿Alguien que te quiere a pesar de tus fallos?

Desde luego, tendrías mucha suerte si encontraras un amigo así. También me pregunto si merece la pena tener un amigo así. Demos la vuelta a la situación por un instante. Supón que estuvieras buscando algo que necesitaras, como un coche. ¿Elegirías uno que estuviera lleno de fallos?

¿Qué buscarías en un amigo?

¿Alguien que te resulte interesante y divertido; que tenga un carácter agradable, intereses y un sentido del humor parecidos a los tuyos, que no se dé aires de importancia, que escuche tus problemas, que te consuele cuando te sientes mal, que siempre esté ahí para apoyarte cuando lo necesites, que siempre sea sincero contigo y que te quiera de verdad? ¿No te gustaría tener varios amigos así? Es fácil.

Conviértete en algo así

Al igual que para conseguir la seguridad económica, se necesita cierto esfuerzo, pero las recompensas son aún mejores. Ése no es sólo el tipo de amigo que te gustaría tener, también es el tipo de amigo que le gustaría tener a todos los que viven en este planeta. Así que si consigues convertirte en alguien así, todos los habitantes de la Tierra querrían tenerte como amigo. Si fueras a comprar un coche nuevo, ¿no te gustaría poder permitirte cualquier coche que quisieras? Los amigos son más importantes que los coches. ¿No te gustaría poder elegir cualquier amigo que quisieras? Y puedes hacerlo: **¡USA EL CEREBRO!**

Todos tenemos fallos

... y nadie es perfecto. No adoptes la actitud: «Acéptame tal como soy» o «Si no te gusto, es problema tuyo». Todo sería mucho más agradable para tu familia, tus amigos y tus compañeros si intentaras rectificar tus fallos. Pero lo que es más importante, **TAMBIÉN LO SERÍA PARA TI.** También ampliaría mucho tus posibilidades para

ELEGIR UNA PAREJA

Elegir una pareja

No me estoy refiriendo a una pareja en los negocios, sino a una novia o a un novio. Eso me preocupaba especialmente cuando era niño. El ideal era el tipo AMG: alto, moreno y guapo, como Cary Grant, Gregory Peck o Clark Gable. Yo era un BRF: bajo, rubio y feo. En la época anterior a las discotecas, tan sólo un adolescente valiente estaba preparado para cruzar la pista de baile y pedirle a una chica que bailara, porque, si se negaba, también lo harían todas las demás.

La timidez es una maldición

¡No, no lo es! Al igual que el miedo es la forma natural de protegernos del peligro físico, la timidez y la inhibición son nuestra manera de protegernos contra la humillación. Hugh Grant la utiliza como un arma. La clave es darse cuenta de que la timidez es algo perfectamente natural y que muchas otras personas son también tímidas.

Los defectos físicos no tienen que ser un *handicap*

Las chicas jóvenes dirían que prefieren la personalidad al aspecto físico. Yo nunca las he creído. Pero pruébalo tú mismo: piensa en las personas que más admiras y pregúntate si admiras su aspecto físico o su personalidad. Ser un BRF no me impidió pedirle la mano a la chica más guapa del mundo.

Entonces, ¿dónde estamos?

Si te sientes en forma físicamente y lleno de energía y has desarrollado tus conocimientos para ganarte la vida de tal forma que te sientes seguro en el aspecto económico, si has desarrollado tu cerebro para convertirte en una persona agradable y si sigues las **REGLAS DE ORO,** habrás eliminado la mayoría de las situaciones que causan tus preocupaciones. De manera que sólo queda una situación fundamental:

PREOCUPARTE POR TUS SERES QUERIDOS

Preocuparte por tus seres queridos

Ésta es una preocupación habitual. Quieres mucho a esa persona, pero, por el motivo que sea, hace que tu vida resulte desgraciada. Se trata de una situación del tipo ¿qué fue antes, el huevo o la gallina? Si primero consigues sentirte fuerte física y mentalmente, la situación se resolverá con mayor facilidad. Pero, ¿cómo puedes sentirte fuerte física y mentalmente si esa persona está haciendo que tu vida sea miserable?

La duda y la incertidumbre son los verdaderos problemas

Habla de lo que te preocupa con la persona en cuestión. Quizá descubras que tu comportamiento es parte del problema. Si esto no lo soluciona y llegas a la conclusión de que las cosas no van a cambiar, tendrás que tomar una decisión. Sea cual sea la decisión que tomes, debes asegurarte de que te hace feliz. De no ser así, se mantendrán las dudas y la incertidumbre.

¿Cómo no vas a preocuparte por tus hijos?

¿Se trata de mi imaginación o en la actualidad los niños nos causan más preocupación de la que nosotros causamos a nuestros padres? La **REGLA DE ORO N.º 12** es enseñarles a tus hijos los principios que he indicado anteriormente para que maduren con rapidez y se hagan fuertes física y mentalmente. De esa manera no tendrás nada de qué preocuparte. Hay otros aspectos importantes para eliminar la preocupación que te causan las personas de las que te sientes responsable.

La inactividad y el aburrimiento son el caldo de cultivo de la preocupación

Hacerte fuerte física y mentalmente te da la energía y los medios económicos para disfrutar la **REGLA DE ORO N.º 13:** llevar una vida plena, activa, productiva, feliz y libre de preocupaciones. Estarás tan ocupado disfrutando, que no tendrás tiempo para preocuparte. Pero, ¿no es esta una actitud muy egoísta?

¡NO, NO LO ES!

La conciencia nos hace cobardes a todos

Cuando era niño no comprendía el significado de este refrán. Si me atacaba un maleante, mi instinto era echar a correr y que me consideraran un cobarde. Pero eran la duda y la confusión las que creaban la preocupación. Ya no creo que mi creador observe todos mis actos ni que vaya a existir el día del juicio final. Lo que no puedo negar es que mi creador no sólo me regaló el don de la vida, sino que también me dio, me guste o no, una conciencia.

La **REGLA DE ORO N.º 14** es aceptar que tienes una conciencia y que serás más feliz si permites que te guíe.

La honestidad es la mejor guía

Ésta es la **REGLA DE ORO N.º 15.** Te prometo que el crimen nunca compensa. Está muy extendido el error de que la forma de ganar millones consiste en timar a tus clientes y pagar mal a tus empleados. ¡Es una chorrada! Las empresas que consiguen el éxito comercial proporcionan productos de calidad a precios razonables y dan un buen servicio. Cuando un negocio no cumple esas exigencias, fracasa. Esos principios también se pueden aplicar a la vida.

Los cacahuetes sólo atraen a los monos

Todo director de una empresa con éxito sabe que su personal es su mayor valor. A menos que le pagues lo que se merece y le trates con respeto y con honestidad, perderás tu valor más importante. Los criminales se pasan la vida entera temiendo que les pillen o pagando porque les han pillado. Cuando era asesor financiero conocía a gente muy rica que no podía resistir la tentación de defraudar impuestos y, por tanto, su riqueza se convirtió en una desgracia. Una conciencia limpia es un precio pequeño que pagar a cambio de liberarte de la preocupación de no poder mirar a las personas directamente a los ojos y de no ser capaz de dormir por las noches.

Un cobarde muere mil veces

Yo no necesitaba el día del juicio final. Pronto aprendí que, siempre que no tenía la fuerza moral para actuar según dictara mi conciencia, me despreciaba a mí mismo. También aprendí que la forma fácil y despreocupada (o sea, sin preocupaciones) de vivir era dejar que me guiara mi conciencia y actuar según ella me dictara. Siempre y cuando hayas cumplido con tu deber respecto a tus hijos, tus padres, tus amigos y tus mascotas, deberías sentirte libre para disfrutar a tope la vida.

¿Quién necesita un padre preocupado?

Un oído comprensivo, un hombro sobre el que llorar, consejos positivos y apoyo... ¡maravilloso! Pero, ¿no tienen tus hijos preocupaciones suficientes como para que tú les cargues con las tuyas, o como para que les hagas conscientes de que él o ella son la causa de tus preocupaciones? No se puede ser mayor carga y motivo de preocupación para tus hijos que vivir tu existencia a través de ellos o interferir en sus vidas. ¿Acaso no es el deber de un padre ayudar a sus hijos a ser lo suficientemente fuertes como para abandonar el nido y llevar una vida plena y feliz? ¿Qué hijo negaría a sus padres ese mismo privilegio?

Una cosa bella es una felicidad para siempre

Si pasaras muchos años creando una bella obra de arte sólo para mí, evidentemente tu intención sería que yo sacara el máximo placer de ello. Me considerarías una persona ingrata, estúpida e incluso te sentirías insultado si, en lugar de disfrutar de ese placer durante el resto de mi vida, lo guardara bajo llave o permitiera que se rompiera o que me lo robaran. Lo único que yo conseguiría actuando así es convertir ese precioso regalo en una preocupación.

Antes de terminar

Tú y yo existimos porque nuestro cerebro y nuestro cuerpo son tan increíblemente poderosos y sofisticados que es poco probable que existamos por accidente. Por tanto, yo acepto que fui creado. Hablo de hechos: no puedo negar que mi mayor instinto sea el de sobrevivir, y eso significa que valoro mucho mi vida. Siento que, a través del lavado de cerebro y la ignorancia, guardé bajo llave ese regalo en un armario oscuro. Pero no sirve de nada lamentarse a toro pasado. Me siento afortunado por el placer que han supuesto estos últimos dieciocho años y espero con ilusión el futuro. Si alguna vez te sientes preocupado, lee las Reglas de Oro que enumero en el Apéndice. Y eso nos lleva a la **REGLA DE ORO N.º 16:** no malgastes el regalo más maravilloso que recibirás jamás

¡PREOCUPÁNDOTE!

Apéndice
Las Reglas de Oro

1. Piensa en positivo.
2. Si tienes un problema, da igual lo grande o lo pequeño que sea, y no puedes solucionarlo inmediatamente, traza un plan. Si no hay nada que puedas hacer al respecto, no tiene ningún sentido que te atormentes preocupándote.
3. Si te preocupa un problema, pregúntate cuál puede ser la peor posibilidad. Con frecuencia descubrirás que ni siquiera la peor posibilidad es un desastre auténtico.
4. La ignorancia es la mayor causa de preocupación. No tienes por qué avergonzarte de ella. Pero sí debes avergonzarte de tener miedo a reconocer tu ignorancia. ¡Eso asegura que sigas siendo ignorante y que sigas preocupándote!
5. El miedo es tu amigo. Es como una alarma de incendios, una advertencia para que seas consciente del peligro y puedas eliminarlo o mitigar sus efectos. La mayoría de nuestras preocu-

paciones están causadas por el miedo, y la mayoría de nuestros miedos están causados por la ignorancia.

6. No te lamentes a toro pasado. Considera tus errores como experiencias valiosas para garantizar que no vuelves a cometer ese error.
7. Que no te dé miedo cometer errores.
8. Invierte en el futuro.
9. Sé consciente de que posees el potencial para ser increíblemente fuerte tanto física como mentalmente.
10. Asegúrate de desarrollar ese potencial. Ésa es la clave para llevar una vida sin preocupaciones.
11. Nunca es demasiado tarde para aprender.
12. Enséñales a tus hijos los principios de EASYWAY.
13. Lleva una vida plena, activa, productiva, feliz y sin preocupaciones.
14. Pepito Grillo lo sabe bien: deja que tu conciencia te guíe.
15. La honestidad es la mejor actitud.
16. Nunca desperdicies tu más valioso regalo

¡PREOCUPÁNDOTE!

Los centros de Allen Carr's EASYWAY

El siguiente listado ofrece información sobre todas las clínicas Allen Carr para dejar de fumar en todo el mundo, donde las cifras de éxito alcanzan el 90%, garantizando la devolución del dinero.

Algunas de estas clínicas también ofrecen sesiones para tratar el alcoholismo y la pérdida de peso. Por favor, contacte con la clínica más próxima para conocer más detalles.

Allen Carr le garantiza que encontrará el método más fácil para dejar de fumar en sus clínicas o le devolverá su dinero.

ESPAÑA
Página web: www.comodejardefumar.com

MADRID / BARCELONA
(también en otras ciudades)
Instructores: Geoffrey Molloy & Rhea Sivi y Equipo
Tel.: 902 10 28 10
Fax.: 942 83 25 84
E-mail: easyway@comodejardefumar.com

ALEMANIA
Sesiones en todo el país.
Página web: www.allen-carr.de
E-mail: info@allen-carr.de
Teléfono gratuito de información y central de inscripción: 08000 RAUCHEN (0800 07282436)

Instructor: Erich Kellermann y Equipo
Kirchenweg 41
D-83026 Rosenheim
Tel.: 0049 8031 463067
Fax.: 0049 8031 9019090

AUSTRALIA
MELBOURNE
Instructora: Trudy Ward
148 Central Road, Nunawading, 3131 Victoria
Tel. y Fax.: 09 9894 8866
E-mail: tw.easyway@bigpond.com

AUSTRIA
Sesiones en todo el país.
Página web: www.allen-carr.at
Línea gratuita para información e inscripción:
08000 RAUCHEN (0800 07282436)

Instructor: Erich Kellermann y Equipo
Triesterstraße, 42 Spilberg
Tel.: 00 43 3512 44775
Fax.: 00 43 3512 447755-14
E-mail: info@allen-carr.at

BÉLGICA
Página web: www.allencarr.be

AMBERES
Instructor: Dirk Nielandt
Koningin Astridplein 27, B-9150 Bazel
Tel.: 03 281 6255
Fax.: 03 744 0608
E-mail: easyway@dirknielandt.be

Instructora: Valerie Popowski
Tel.: 03 294 3065
Página web: www.allencarr.info
E-mail: contact@allencarr.info

CANADÁ
Página web: www.allencarrseasy.ca
Teléfono de la central de inscripción: 1-866 NO NIC 99

TORONTO
Instructor: Damian O'Hara
Tel.: 416 737 9683
E-mail: nicoleg@allencarreasyway.ca

SASKATOON
Tel.: 306 933 1875
Tel.: shirleyb@allencarreasyway.ca

VANCOUVER
Instructor: Damian O'Hara
Tel.: 604 785 1717
Fax.: 604 737 1116
E-mail: damiano@allencarreasyway.ca

CARIBE
GUADALUPE (ANTILLAS)
Instructora: Fabiana de Oliveira
Tel.: 05 90 84 95 21
E-mail: allencaraibes@wanadoo.fr

COLOMBIA
BOGOTÁ
Instructores: Felipe Calderón y José Manuel Durán
Cra. 9, n.º 77-19 Bogotá
Tel.: 571 3217382
E-mail: EasywayColombia@007mundo.com

DINAMARCA
Página web: www.easyway.dk

COPENHAGUE
Instructora: Mette Fonss
Asger Rygsgade 16, 1.º - 1727 Copenhagen V
Tel.: 0045 519 03536
E-mail: mette@easyway.dk

ECUADOR
QUITO
Instructora: Ingrid Wittich
C/o Consulado de Austria
Gaspar de Villarroel E9-53y Av. Shyris, 3.er piso
Tel. y Fax.: 00593 22 2820 920
E-mail: toisan@pi-pro.ec

FRANCIA
Página web: www.allencarr.fr
Teléfono de la central de inscripción: 0800 FUMEUR

ALSACIA
Instructor: Emanuel Klein
48 rue des Vignes, 67202 Wolfisheim

COSTA AZUL
Instructora: Elaine Mahon
Porte De l'arenes hall C, 455 Promenade des anglais – 06299 Nice Cedex 3

LANGUEDOC
Instructor: Dominique Hertogch
1051 rue de Las Sorbes – 34070 Montpellier
E-mail: Dominique.Hertogch@wanadoo.fr

LYON
Instructor: Michel Guyot
33 rue de Bourgogne – 69009 Lyon

MARSELLA
Instructor: Erick Serre
70 rue St. Ferreol – 13006 Marseille
Tel.: 04 91 33 54 55
Fax.: 04 91 33 32 77
E-mail: allencarr@wanadoo.fr

PARÍS
Instructor: Erick Serre
125 Boulevard Montparnasse – 75006 París
E-mail: allencarr@wanadoo.fr

TOULOUSE
54 Avenue Crampel – 31400 Toulouse

HOLANDA
Página web: www.allencarr.nl

AMSTERDAM
Instructora: Eveline de Mooij
Pythagorasstraat 22 – 1098 GC Amsterdam
Tel.: 020 465 4665
Fax.: 020 465 6682
E-mail: amsterdam@allencarr.nl

NIMEGA
Instructora: Jacqueline van den Bosch
Van Heutszstraat, 38 – 6521 CX Nijmegen
Tel.: 024 336 03305
E-mail: nijmegen@allencarr.nl

ROTTERDAM
Instructora: Kitty van't Hof
Mathenesserlaan 290 – 3021 HV Rotterdam
Tel.: 010 244 0709
Fax.: 010 244 0710
E-mail: rotterdam@allencarr.nl

UTRECHT
Instructora: Paula Rooduijn
De Beaufortlaan 22 B – 3768 MJ Soestduinen (gem. Soest)
Tel.: 035 602 9458
E-mail: soest@allencarr.nl

IRLANDA
CONNAUGHT
Instructora: Pat Melody Dunne
Tel. y Fax.: 094 67925

DUBLÍN
Instructora: Brenda Sweeney
44 Beverly Heights – Knocklyon, Dublin 16
Lo-Call (desde Irlanda): 1 890 EASYWAY (379 929)
Tel.: 01 494 1644 (4 líneas)
Fax.: 01 495 2757
E-mail: info@allencarr.ie

ISLANDIA
REYKJAVIK
Instructores: Petur Einarsson y Valgeir Skagfjord
Skeidarvogur 147 – 104 Reykjavik
Tel.: 354 553 9590
Fax.: 354 588 7060
E-mail: easyway@easyway.is

ITALIA
Página web: www.easywayitalia.com

MILÁN
Instructora: Francesca Cesati
Via Dante 76 – 20092 Cinisello Balsamo, Milan
Tel.: 02 6129 3843
Móvil: 0348 3547774
E-mail: info@easywayitalia.com

MÉXICO
Página web: www.allencarr-mexico.com
Instructor: Jorge Davo
Tel.: 5255 5330 7351
E-mail: info@allencarr-mexico.com

NORUEGA
Página web: www.oslo.easyway-norge.no

OSLO
Instructor: Dag Hognerud
Munkedamsveien 53b – 0250 Oslo
Tel.: 22 8321 00
Fax.: 23 2728 15
E-mail: post@easyway-norge.no

NUEVA ZELANDA
Página web: www.easywaynz.nz

AUCKLAND
Instructora: Vickie Macrae
472 Blockhouse Bay Road – Auckland 1007
Tel.: 09 626 5390
Móvil: 027 417 7077
E-mail: vickie@easywaynz.co.nz

CHRISTCHURCH
Instructora: Marie Roe
Tel.: 03 331 6348 o 021737810
Página web: www.allencarr.co.nz
E-mail: easyway@allencarr.co.nz

POLONIA
VARSOVIA
Instructora: Anna Kabat
Ul. Faleka 5/7 m 31
02-547 Varsovia
Tel.: 22 621 3611
E-mail: annakabat@hotmail.com

PORTUGAL
OPORTO
Instructora: Ria Monteiro
Rua dos Castanheiros, 97 – 4455-089 Lavra – Matasinhos
Tel.: 22 9958 698
E-mail: slofmont@mail.telepac.pt

REINO UNIDO
Página web: www.allencarreasyway.com
Teléfono de ayuda: 0906 604 0220 (Tarifa: 60 pp./min.)
Teléfono de información gratuita: 0800 389 2115

BIRMINGHAM
Instructores: John Dicey, Colleen Dwyer, Crispin Hay
415 Hagley Road West, Quinton – Birmingham B32 2AD
Tel. y Fax.: 0121 423 1227
E-mail: postmaster@allencarr.demon.co.uk

BOURNEMOUTH / SOUTHAMPTON
Instructores: John Dicey, Colleen Dwyer
Tel. y Fax.: 01425 272757

BRIGHTON
Instructores: John Dicey, Colleen Dwyer
Tel.: 01425 272757

BRISTOL / SWINDON
Instructor: Charles Holsdsworth-Hunt
Tel.: 0117 950 1441
Página web: www.easywaybristol.co.uk
E-mail: stopsmoking@easywaybristol.co.uk

BUCKINGHAMSHIRE
Instructor: Kim Bennett
E-mail: easywaybucks@aol.com

ESCOCIA
Sesiones en todo el país.
Instructor: Joe Bergin
Tel.: 0131 228 5893
Página web: www.easywaystop.co.uk
E-mail: bergin@napieruni.fsnet.co.uk

EXETER
Instructor: Charles Holdsworth-Hunt
Tel.: 0117 950 1441
Página web: www.easywayexeter.co.uk
E-mail: stopsmoking@easywayexeter.co.uk

GALES DEL SUR
Instructor: Charles Holdsworth-Hunt
Tel.: 0117 950 1441
Página web: www.easywaycardiff.co.uk
E-mail: stopsmoking@easywaycardiff.co.uk

KENT
Instructora: Angela Jouanneau
Tel.: 01622 832 554
E-mail: easywaykent@yahoo.co.uk

LONDRES
Instructores: John Dicey, Sue Bolshaw, Colleen Dwyer, Crispin Hay, Jenny Rutherford
1c Amity Grove, Raynes Park – London SW20 OLQ
Tel.: 020 8944 7761
Fax.: 020 8944 8619
E-mail: postmaster@allencarr.demon.co.uk

MANCHESTER
Instructor: Rob Groves
Línea gratuita: 0800 804 6796
Página web: www.easywaymanchester.co.uk
E-mail: stopsmoking@easywaymanchester.co.uk

NORTH EAST
Instructor: Tony Attrill
10 Dale Terrace, Dalton-le-Dale, Seaham
Country Durham – SR7 8QP
Tel. y Fax.: 0191 581 0449

READING
Instructores: John Dicey, Colleen Dwyer
Tel.: 014245 272757

YORKSHIRE
Instructor: Rob Groves
Línea gratuita: 0800 804 6796

SUDÁFRICA
Página web: www.allencarr.co.za
Central de inscripción: 0861 100 200

CIUDAD DE EL CABO
Instructor: Dr. Charles Nel
15 Draper Sq. Draper St. – Claremont 7708
Tel.: 083 600 5555
E-mail: easyway@allencarr.co.za

PRETORIA
Instructor: Dudley Garner
Tel.: 084 327 9929
E-mail: info@allencarr.co.za

SUIZA
Página web: www.allen-carr.ch
Línea gratuita para información e inscripción:
0800 RAUCHEN (0800 7282426)

ZÚRICH
Instructor: Cyrill Argast y Equipo
Schontalstrasse 30, Ch – 8486 Zurich-Rikon
Tel.: 0041 52 3833773
Fax.: 0041 52 3833774
E-mail: info@allen-carr.ch

USA

La sede de Allen Carr en América del Norte está en Nueva York. Actualmente nuestras clínicas están operativas en un área de tres estados y en las principales ciudades de Canadá. Está prevista la apertura de nuevas clínicas en Los Ángeles, Boston, San Francisco y otras importantes ciudades de Estados Unidos a lo largo de 2004 y en 2005.

Las sesiones duran alrededor de cinco horas y se imparten en grupos de 30 fumadores. Ofrecemos a todos los asistentes la garantía de devolución del dinero, una copia de la cual se inserta en nuestra página web **www.allencarrusa.com.**

De acuerdo con nuestra garantía de devolución del dinero, el éxito obtenido en las 50 clínicas de Allen Carr de todo el mundo ha sido de un 90% en los últimos 20 años. Para más información acerca de las clínicas que hay en su zona, o para hacer una reserva, por favor, llame al teléfono gratuito:

1 888 NO NIC 99 (666 4299)

Algunos usuarios de teléfonos móviles no pueden acceder a los teléfonos gratuitos. Si ése es su caso, por favor, llame a nuestra oficina de Nueva York al **(212) 696 6768.** También puede visitarnos libremente en la página **www.allencarr.com** o escribirnos a la siguiente dirección de correo electrónico: **reservations@allencarrusa.com.**

En nuestra página web, además de la información relativa a las clínicas, usted puede encontrar nuestro *Bulletin Board,* que ofrece ayuda online y chat, y el *Allen Carr Newsletter,* que le proporciona información relativa a la expansión de la clínica de Nueva York y sus progresos en otras áreas.

Todos los comentarios sobre el método de Allen Carr serán bien recibidos. Por favor, comparta libremente sus experiencias con nosotros.

Pueden mandar sus cartas a nuestra oficina de Nueva York:

Allen Carr USA
1133 Broadway, Suite 706
New York, NY 10010

Si lo desea, puede mandar sus comentarios por correo electrónico a **feedback@allencarrusa.com**